"我是档案迷"丛书
卜鉴民 主编

中国的世界记忆
ZHONGGUO DE SHIJIE JIYI

赵颖 程骥 苏锦 陈鑫 编著

苏州大学出版社
Soochow University Press

图书在版编目(CIP)数据

中国的世界记忆 / 赵颖等编著. —苏州：苏州大学出版社,2019.8（2020.10重印）
（"我是档案迷"丛书 / 卜鉴民主编）
ISBN 978-7-5672-2900-6

Ⅰ. ①中… Ⅱ. ①赵… Ⅲ. ①文化遗产–介绍–中国 Ⅳ. ①K203

中国版本图书馆 CIP 数据核字（2019）第 151169 号

中国的世界记忆

赵 颖　程 骥　苏 锦　陈 鑫　编著

责任编辑　王　亮

苏州大学出版社出版发行
（地址：苏州市十梓街 1 号　邮编：215006）
苏州工业园区美柯乐制版印务有限责任公司印装
（地址：苏州工业园区东兴路 7-1 号　邮编：215021）

开本 787 mm×1 092 mm　1/32　印张 4.5　字数 70 千
2019 年 8 月第 1 版　2020 年 10 月第 2 次印刷
ISBN 978-7-5672-2900-6　定价 36.00 元

苏州大学版图书若有印装错误，本社负责调换
苏州大学出版社营销部　电话：0512 - 67481020
苏州大学出版社网址　http://www.sudapress.com
苏州大学出版社邮箱　sdcbs@suda.edu.cn

"我是档案迷"丛书

主　编	卜鉴民
副主编	吴　芳　陈　鑫　赵　颖
编　委	谈　隽　方玉群　栾清照　吴　飞
	杨　韫　陈明怡　周玲凤　姜　楠
	程　骥　苏　锦　石　浩　薛　怡
	史唯君　费乙丽　王颖华　商大民
	皇甫元

"我是档案迷"丛书

序

　　广袤富饶的平原,辽阔壮美的草原,浩瀚无垠的沙漠,奔腾不息的江海,巍峨挺拔的山脉,承载和滋润了多彩的世界文明。在人类的历史长河中,值得留住的记忆灿若星辰:距今3000多年的中国殷墟甲骨文、东南亚以爪哇文字写成的班基故事、壮丽颂歌贝多芬第九交响曲、记录大航海时代地理新发现的瓦尔德瑟米勒绘制的世界地图、见证共产主义诞生的《共产党宣言》手稿……这些珍贵的档案文献遗产是知识和智慧的源泉,承载着人类社会的共同记忆。

　　青少年是实现美丽中国梦的生力军。如何让青少年了解、亲近这些宝贵的世界记忆? 如何让青少年在档案馆里感受历史文化的变迁? 如何让青少年在建档过程中见证自身的成长? 带着这些问题,苏州市工商档案管理中心(以下简称"中心")开展了一些有益探索。2017年,中心馆藏的"近现代中国苏州丝绸档案"成功入选《世界记忆名录》。作为29592卷丝绸档案的守护者,中心于2018年成立世界记忆项目苏州学术中心,大力开展世界记忆项目进校园和未成年人成长档案建设等活动,以提升青少年对于世界记忆、文献遗产以及丝绸档案的认识。

"我是档案迷"丛书也是探索所取得的成果之一。自2018年开始,经过一年多的努力,这套书终于付梓与大家见面了。丛书共含6册,涵盖了未成年人成长档案、苏州丝绸业、丝绸之路、世界记忆项目等众多内容。为避免海量知识的简单罗列,在丛书策划之初,我们就建立了档案的"未成年人观",以孩子的需求为创作的起点。我们仔细揣摩青少年的心理特点及阅读需求,正式推出了苏州丝绸档案的卡通形象代言人"兰兰""台台",将一个个历史档案故事融入他们一系列的探险活动,以富有感染力的文字、生动有趣的图画和与知识紧密契合的游戏,引导青少年朋友们去接触世界记忆、了解文献遗产、认识苏州丝绸档案,让档案真正走进校园、走近青少年。

档案是连接过去的纽带,是照亮未来的火把,是带领我们避开记忆迷途的指南针。在书中,档案赋予我们超能力。当我们化身"兰兰""台台",驾着时空机,穿越古今,重回档案现场,亲历中国记忆的重要瞬间时;当我们变身档案迷,在中国丝绸档案馆中闯关探险,解读珍贵丝绸档案时;当我们跟着方叔叔,建档爱档,一起制作自己的成长档案时……保护文献遗产的种子便在我们心头播种,参与世界记忆项目的小树便在我们心中成长。

如此可读、可玩、可品的丛书的问世,汇聚了众人的心血,凝结了集体的智慧。感谢国家档案局和世界记忆项目中国国家委员会对丛书的大力支持;感谢入选《世界记忆名录》《世界记忆亚太地区名录》的文献遗产保管单位提供丰富的资料和专业的指导;感谢上海大学图书情报档案系,尤其感谢连志英、耿志杰、杨智勇三位老师和陈琳涵、祝新祺等同学为丛书发挥的创意和付出的心血;感谢中心已退休的老同志商大民、皇甫元提供大量有关苏州丝绸以及《红楼梦》的资料;感谢苏州市档案馆监督指导处及中心的同志们共同承担图书的编撰工作。正是大家的通力合作,编写工作才能顺利完成。

文明永续发展,需要薪火相传、代代守护,更需要顺时应势、推陈出新。中华传统文化博大精深,源远流长,但无论是对档案文献遗产的保护与开发,对苏州丝绸历史的学习与探讨,还是对经典巨作《红楼梦》的解读与分享,都要与时偕行,不断吸纳时代精华。"我是档案迷"丛书的出版于我们而言是顺应时代的一次大胆而有益的尝试。我们真心希望青少年朋友们可以在丛书的引导下,走进档案馆,亲近文献遗产,感受中华文化的生生不息和代代传承,感受文明互鉴的流光溢彩和绚丽多姿!

卜鉴民
2019 年 6 月 1 日

人物介绍

兰兰

丝绸档案家族的一员。爱看书，爱学习，爱探索。擅长历史，喜欢各种美的事物。性格温和，富有爱心。生活中处处照顾弟弟，是弟弟的好榜样。

台台

兰兰的弟弟，同样也是丝绸档案家族的一员。调皮可爱，心直口快，对未知事物总是充满好奇，脑袋里装了无数个小问号。非常崇拜姐姐，总是围着姐姐转。

目录 CONTENTS >>>

- 1 卷首语
- 2 世界记忆项目小课堂
- 14 甲骨文
- 20 纳西族东巴古籍文献
- 26 《黄帝内经》
- 31 《本草纲目》
- 37 《四部医典》
- 44 元代西藏官方档案
- 51 清代样式雷图档
- 56 清代内阁秘本档中有关17世纪在华西洋传教士活动的档案
- 62 赤道南北两总星图

- 67 清代科举大金榜
- 73 清代澳门地方衙门档案
- 77 天主教澳门教区档案文献
- 82 澳门功德林档案文献
- 88 孔子世家明清文书档案
- 96 南京大屠杀档案
- 102 南侨机工档案
- 108 侨批档案
- 116 传统音乐音响档案
- 121 近现代中国苏州丝绸档案
- 129 附录
- 132 后记

卷首语

漫漫历史长河,沉淀出无数珍贵的文献遗产,它们如同世界的一面镜子,冷静而真实地记录着历史,承载着人类的记忆。

文献遗产是珍贵的,也是脆弱的。我们有太多的文献遗产消失在历史的风云变幻中,还有太多的文献遗产流落民间,藏于深闺,无法供人类瞻仰。

然而值得庆幸的是,面对种种危机,人类已经开始行动了!1992年,联合国教科文组织发起了世界记忆项目,并将世界各地的珍贵文献遗产收录进《世界记忆名录》,加以抢救、保护和利用。目前名录规模已达到429项,数量还在不断增加……

中国,作为一个具有5000年历史的文明古国,也在名录中留下了浓墨重彩的一笔。从距今3000多年的甲骨文,到20世纪的传统音乐音响档案,不同的时间,不同的空间,都会产生独一无二的珍贵文献。它们犹如五彩斑斓的宝石,散落在时空隧道中,等待着人类去发掘,去探索。

想了解其中的奥秘吗?就让我们跟着兰兰和台台,一起穿越时空隧道,揭开它们的神秘面纱吧!

中国的世界记忆

世界记忆项目小课堂

台台

姐姐,姐姐,你听说了吗?法国的巴黎圣母院发生了大火,标志性尖塔都倒塌了,整座建筑严重损毁。好心痛,我还从来没去看过呢!

兰兰

听说了,真的好可惜!火灾无情,我们档案家族也最怕火呢!

2018年，巴西里约热内卢的国家博物馆因为一场大火，馆藏包括巴西500年历史文献资料在内的2000万件历史资料和文物被烧毁了九成。

再往前，1992年波斯尼亚战争的战火炸毁了波斯尼亚和黑塞哥维那国家与大学图书馆，150万本书籍中所记载的人类记忆再难找回。

公元前3世纪末，世界上最古老的图书馆亚历山大图书馆被战火吞没。无数珍贵古籍，包括希腊著名诗人荷马、数学家欧几里得、哲学家亚里士多德和学者阿基米德的手稿真迹，都消失在那场战火之中。

 台台

好可怕……

兰兰

台台,别害怕!面对种种灾难,联合国教科文组织已经开始行动了!1992年,联合国教科文组织发起了世界记忆项目,对世界范围内正在逐渐老化、损毁的档案文献遗产进行抢救,并加强保护和利用。

兰兰

世界记忆项目主要有促进文献遗产的保护、加强文献遗产的利用、提高对文献遗产的认识三个目标,为了实现这些目标,又有不少具体的方法。

世界记忆项目小课堂

台台

可是,全世界这么多国家、这么多文献遗产,怎样确定都能保护到位呢?

兰兰

这个问题提得好。联合国教科文组织为此可想了不少办法!

兰兰

世界记忆项目的主要负责机构分三级:国际咨询委员会、地区委员会、国家委员会。国际咨询委员会是世界记忆项目的最高机构。地区委员会由2个或2个以上的国家建立。国家委员会就是以国家为单位建立的。

目前,全世界已经成立了3个地区委员会和大约70个国家委员会。

每个委员会主要负责自己范围内的档案文献遗产,就可以啦!

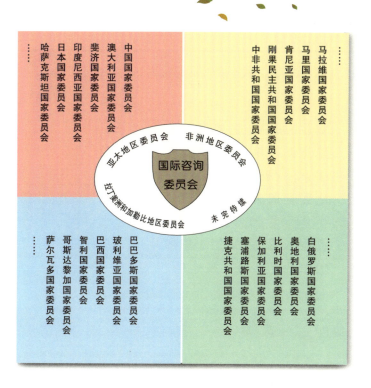

国际咨询委员会

亚太地区委员会　非洲地区委员会　拉丁美洲和加勒比地区委员会　未完待续

中国国家委员会
澳大利亚国家委员会
斐济国家委员会
印度尼西亚国家委员会
日本国家委员会
哈萨克斯坦国家委员会
……

马拉维国家委员会
马里国家委员会
肯尼亚国家委员会
刚果民主共和国国家委员会
中非共和国国家委员会
……

巴巴多斯国家委员会
玻利维亚国家委员会
巴西国家委员会
智利国家委员会
哥斯达黎加国家委员会
萨尔瓦多国家委员会
……

白俄罗斯国家委员会
奥地利国家委员会
比利时国家委员会
保加利亚国家委员会
塞浦路斯国家委员会
捷克共和国国家委员会
……

台台

哇,好棒!这样从上到下分工明确,层层推进,保护工作就没那么难进行啦!

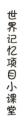

世界记忆项目小课堂

兰兰

是的，世界记忆项目还有一项重要的成果，就是《世界记忆名录》，里面都是具有世界意义的档案文献遗产。《世界记忆名录》分为世界、地区和国家三级，分别由三级委员会负责管理和组织申报，迄今为止已经收录了来自世界各地121个国家的429项文献遗产。

 台台

这么多呀！那怎样才可以入选《世界记忆名录》呢？

兰兰

想要进入《世界记忆名录》，要先回答下面几个问题哦！

1. 你是真实的吗？

2. 你是独一无二的吗？

3. 你曾经在世界某一文化区域内产生过巨大影响吗？

4. 你是某一类文献的代表吗？

5. 你对人类历史进程有过巨大影响吗？

6. 你足够完整吗？

7. 你正面临着生存危机吗？

8. 你有相应的保管计划和策略吗？

台台

好难哦！看来我的日记是没希望了……

兰兰

……

台台

那中国有入选的吗?

兰兰

那是必须的!泱泱大国上下5000年历史,珍贵档案文献遗产可多着呢!中国已经有13项档案文献遗产入选,入选数量排全世界第八哦!

台台

中国好棒!

兰兰

下面让我们一起坐着时空机,回到过去,近距离认识一下这些珍贵的档案文献遗产吧!

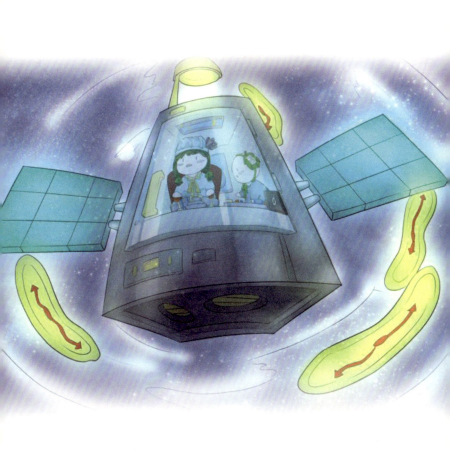

甲骨文

兰兰:"台台,时空机带我们到了3000年前的商代啦!"

台台:"哇,太神奇了!我们可以看到古时候的人了!姐姐,姐姐,你看那里有个人,他在干吗?"

兰兰:"他应该是商代的卜官,在用龟甲占卜呢!"

台台:"卜官?占卜?"

兰兰:"是啊!当时的人大多信奉鬼神,大事小事都要通过占卜以问吉凶,包括天气、收成、病痛、作战等。卜官就是掌管占卜的官员。"

台台:"那么他们是怎么用龟甲占卜的呢?"

兰兰:"来,我们看看就知道啦!你看,他先是在龟甲上凿出一个小洞,再用火烤龟甲,这时候龟甲上就会出现类似'卜'字形状的裂纹,然后他就可以根据这些裂纹的形状推断事情的吉凶了。"

台台："那怎样通过裂纹判断吉凶呢？"

兰兰："这你就得问这些卜官了。姐姐可没那么大的本事，哈哈！"

台台："好吧……姐姐你看，他又拿起了刀，好像在上面刻字呢！"

兰兰："对，他在记录这次占卜的情况呢。这些记录占卜的文字叫作'卜辞'。因为'卜辞'是刻在龟甲、兽骨上的，所以又称为'甲骨卜辞'，也就是我们现在说的'甲骨文'。"

台台："甲骨文，我知道！甲骨文应该是中国目前发现最早的文献记录。姐姐，我说得对吗？"

兰兰："对，台台真聪明！甲骨文的发现过程很有意思哦。商朝灭亡后，这些甲骨被掩埋在商都城的废墟里，陆陆续续被后世的老百姓挖出来。刚开始它们一度被当成一种中药材，直到清代光绪年间，一位叫王懿荣的学者无意中发现了这些甲骨上刻的字，才认识到它们的价值。现在已经有很多学者和组织在对甲骨文进行研究和保护。目前出土的甲骨大概有十几万片，还不断有新的甲骨出土。为了更好地保护甲骨文，并让更多的人认识到它们

珍档风采

甲骨藏品（图片由中国国家图书馆提供）

的价值，中国还将'甲骨文'申报了《世界记忆名录》，并在2017年成功入选！"

台台："好棒呀！对了姐姐，这甲骨文这么古老，可我怎么觉得和我们现在的汉字有点像呢？"

兰兰："是啊，因为甲骨文是我们中国汉字的雏形，经历了几千年才演变成了现在的样子。正是因为有了它们的记录，中华文明才得以绵延至今。而世界上发现的比甲骨文更早的苏美尔文字、埃及

文字和印度的哈拉帕文字,都已经不再使用了,只有甲骨文的血脉流淌至今。目前已公认解读的甲骨文单字有1000多个!"

台台:"中国古人真有智慧!姐姐,那商代的人是不是都是在甲骨上刻字的?"

兰兰:"不是的,那时的人还会使用竹简。直到东汉时期劳动人民发明了造纸术,才有了在纸上记录的文字。说到这个,我再带你去见识一下另一种记录在纸上的古老文字吧!"

台台:"好哇,走起!"

珍档风采

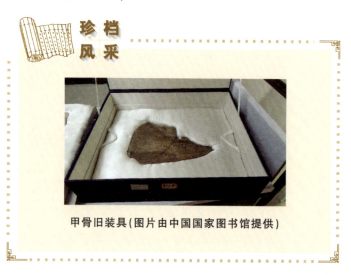

甲骨旧装具(图片由中国国家图书馆提供)

记忆小名片

 甲骨文

出生时间:商代
专　　业:语言文字
家族规模:十几万片
监 护 人:中国国家博物馆、
　　　　　中国国家图书馆等

成就:为研究中国源远流长的文明史和早期社会提供了真实的一手资料,既是中华民族宝贵的文化遗产,也是人类共同的精神财富。

纳西族东巴古籍文献

台台:"姐姐,我们这次到哪里了?"

兰兰:"这里是1300年前的云南丽江。"

台台:"是美丽的丽江呀!"

兰兰:"是的,这里也产生了一种古老而美丽的文字,堪称文字界的'活化石'。你看那儿!"

台台:"那个人是在写字还是在画画呀?"

兰兰:"他在写字,写的是云南纳西族的东巴文字。国内外学者普遍认为,东巴文字是目前'世界上唯一保留完整的活着的象形文字',是世界上最古老的象形文字之一,所以你才会觉得他像在画画。2003年,记录着这些东巴文字的《东巴经》手稿也入选了《世界记忆名录》哦!"

台台:"好赞!姐姐你看,这个字好像一条鱼,应该就是'鱼'字吧!"

兰兰:"台台真聪明。现在能读懂东巴文字的人可是屈指可数呀!"

台台:"纯属瞎蒙,嘻嘻……对了姐姐,甲骨文是因为刻在龟甲兽骨上而得名,那东巴文字是因为什么而得名的呢?"

兰兰："是这样的，古代纳西族人信奉一些原始宗教，因此会产生一些宗教从业者。祭司是一种社会地位很高的宗教职业，'东巴'其实就是对这些祭司的称谓。纳西族的文化几乎都是通过这些祭司传承的，因而所有与纳西文化有关的都会被冠以'东巴'之衔。比如，纳西人信奉的宗教就叫东巴教，这个写字的人就是东巴教祭司，他写的文字就是东巴文字啦！这些东巴文字全是东巴教祭司自己创作的哦！"

珍档风采

攘多鬼仪式，人类起源和迁徙的来历经
（图片由丽江市东巴文化研究院提供）

台台："他们会写些什么内容呢？"

兰兰："他们要写的可多了，包括纳西先民古代生活的方方面面，涉及宗教祭祀、历史传说、诗歌格言、天文地理、医药占卜、风俗习惯等。"

台台："看来东巴文化的传承确实离不开这些东巴教祭司的功劳呀！这么古老的文字能保存至今，真不容易！"

兰兰："是的，这些文字都是东巴教祭司用竹笔写在硬纸上的，还用绳子装订好了，非常精美。然而纸质载体也注定了它们是非常脆弱的，岁月的侵蚀让它们面临着消亡的威胁……"

台台："所以我们要行动起来，好好保护这些'活化石'，可千万不能等它们消失了再追悔莫及！"

兰兰："台台说得真好！现在已经有很多人意识到它们的重要性并投入保护工作中了。早在1981年，云南省就成立了专门的部门研究东巴文化，也就是现在的丽江市东巴文化研究院，在东巴古籍的抢救、整理和传承方面取得了可观的成果，还整理、翻译了《东巴经》1300多册。"

珍档风采

除秽仪式,白蝙蝠求取祭祀占卜经
(图片由丽江市东巴文化研究院提供)

台台:"我以后也要做一名保护珍贵档案文献遗产的研究人员!"

记忆小名片

纳西族东巴古籍文献

出生时间：学界普遍认为最初形成于唐代
专　　业：语言文字
家族规模：2万余卷
监 护 人：云南省丽江市东巴文化研究院等

成就：是一部古代纳西社会的百科全书，对于研究文字的起源和发展、古代造纸和文献装订技术有很重要的价值。

《黄帝内经》

兰兰："台台,了解了我国的两种古老文字,下面我们再去了解一下我国古老的医药学著作吧!"

台台："好的!"

时光机穿梭回 2000 多年前。兰兰和台台躲在一块大石头后。远处两位老者在交谈。

台台："姐姐,我们这是到哪儿了?那个戴着珠帘高帽的人是皇帝吗?"

兰兰："台台,那个人不是皇帝,是传说中的黄帝耶!"

台台："什么不是皇帝是皇帝的,那到底是不是皇帝呢?"

兰兰："哈哈,此黄帝非彼皇帝,他可是上古三皇五帝之首,是中华民族的始祖噢!而且,他的妻子和我们丝绸档案家族也有着莫大的渊源,是发明了种桑养蚕之法的'先蚕娘娘'嫘祖呢!"

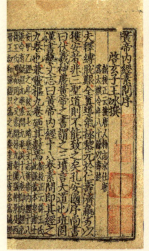

《黄帝内经·素问》王冰序（图片由中国国家图书馆提供）

《黄帝内经·灵枢》刊刻牌记目录末（图片由中国国家图书馆提供）

台台："姐姐，我们很幸运呀，居然见到了黄帝！他们说的话真好听，有节奏还很押韵，可惜我听不懂。"

兰兰："他们在讨论医药学呢。可别小看黄帝对面的那位老先生,他是被称为'华夏中医始祖'的岐伯！黄帝提出有关医药的问题,岐伯和伯高、雷公、少俞、少师、鬼臾区等人根据自己的行医经验和实践来解答,并对医理加以阐述。这些对话最后被记录下来并编成了一部书籍,就是号称'中国传统医学四大经典之首'的《黄帝内经》。这本书奠定了人体生理、病理、诊断以及治疗的认识基础,是中国最早的医学典籍！"

台台："中国这么早就有医书了啊！那现在我们还能看得到吗？"

兰兰："可以啊。《黄帝内经》现在世界上保存最早、最完好的版本就在中国国家图书馆。我们中国非常重视这些文献遗产的保护呢！而且,《黄帝内经》在2011年还入选了《世界记忆名录》。"

台台："大家都觉得我们的医书很棒吗？"

兰兰："当然啦！《黄帝内经》曾被译成日、英、德、法等文字,对世界医学的发展也产生了不可忽视的影响,是世界医学和人类文明发展的最好见证！"

《黄帝内经》

 记忆小名片

《黄帝内经》

出生时间：西汉初年
专　　业：医药
家族规模：分为《素问》《灵枢》两部分，各9卷
监 护 人：中国国家图书馆

成就：标志着中国医学由经验医学上升为理论医学。所奠定的医学理论框架、认知方法以及养生保健法则，是之后2200多年来东亚地区各国传统医学起源与发展的基础和准绳，至今仍指导着中医理论的传承与发展。

《本草纲目》

兰兰:"台台,你知道吗?除了《黄帝内经》外,还有一项中医古籍也入选了《世界记忆名录》哦!"

台台:"我知道,我知道,是李时珍的《本草纲目》,对不对?"

兰兰:"答对了!时空机出发,我们一起去看看李时珍和他的《本草纲目》吧!"

时空转换。月光下,山坡上,一只穿山甲正在草丛后将舌头伸进蚂蚁洞舔食蚂蚁。一位老者背着装满草药的背篓,手举火把,弯着腰,小心翼翼地拨开草丛,仔细地观察着穿山甲。兰兰和台台好奇地在一旁围观。

过了一会儿,穿山甲吃完蚂蚁,飞快地跑掉了。

台台:"老伯伯,这里这么黑,您刚才在看什么啊?"

李时珍:"我在看穿山甲怎么吃蚂蚁。书上说,穿山甲用鳞甲捕食蚂蚁。据我观察这个说法是错误的,它们其实是用舌头来舔食蚂蚁的。"

台台:"您是动物学家吗?"

李时珍:"不,我是医生。穿山甲是动物,但也是一味我们常用的中药。我24岁随父亲行医,一面学医,一面研究医药书,发现书中存在不少缺点和错误。经过几十年的积累,我重新编纂了一部本草书籍,取其精华,去其糟粕,补其不足。"

台台:"啊,原来您就是李时珍!"

兰兰:"那请问一下,您刚才提到的'本草'是什么呢?穿山甲不是草吧?"

李时珍:"小姑娘,'本草'是一门学问,本草书就是记载了各种药物的书。植物、动物、矿物都可以入药,只是因为绝大多数药物都是植物,可以说是以植物为本,所以人们又把药物称为'本草'。"

兰兰:"我懂了,谢谢您!您研究药物,都要亲自来看吗?"

《本草纲目》

珍档风采

《本草纲目》金陵版(图片由中国中医科学院中医药信息研究所提供)

李时珍:"当然!为了找寻药物,大江南北我都去过。不过通常我会先研读其他书中的记载,考核其异同,再去找实物来验证。而且只用眼睛看可不够,有些药物长得很像,但功效相去甚远,如果使用者不注意区分,轻者耽误治病,重者害人性命。所以,药物的名称、产地、形态、气味、炮制方法、功能、剂量等,我都要详细地记录下来。难以用文字来描述的药物,我还要附上图画,方便后人使用。"

台台：“您书里有1892种药物,单是植物就有1195种,想要从中找到某一种药物,岂不是像大海捞针一样?”

李时珍：“这有何难!我自创了'析族区类,振纲分目'的分类方法,使用者根据类别查找会方便很多。”

台台：“没错,您的书对我们后人用处可大啦!不只为中国医药学的发展做出了重大贡献,还曾被译成多国文字在世界传播,连达尔文都引用过您书里的……”

珍档风采

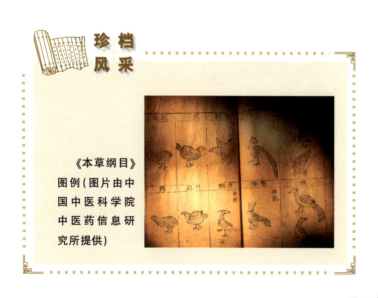

《本草纲目》图例(图片由中国中医科学院中医药信息研究所提供)

台台说得正起劲,看到兰兰给自己使了个眼色,才反应过来说漏嘴了,不好意思地捂住嘴巴。此时的李时珍也是满脸诧异。

兰兰:"嘻嘻,他说的是我们对您的美好祝愿……"

台台:"对对对,祝愿您的书能享誉世界!"

李时珍:"哈哈哈,谢谢你们!"

记忆小名片

《本草纲目》

出生时间:1593 年

专　　业:医药

家族规模:正文 52 卷,插图 2 卷计 1109 幅

监 护 人:中国中医科学院中医药信息研究所

成就:全面总结 16 世纪以前的中国医药学,被誉为"东方药物巨典",具有当时世界传统药物学最先进的分类方式,对世界医药学、植物学、动物学、矿物学、化学的发展都产生了深远影响。英国生物学家达尔文称其为"中国古代的百科全书"。

《四部医典》

告别了李时珍,兰兰、台台回到时空机中。

台台:"我们国家的医药学真是源远流长、博大精深,《黄帝内经》和《本草纲目》居然双双入选《世界记忆名录》,我好骄傲!"

兰兰:"成为世界记忆的医药书籍可不止这两部。在我们国家西南部的西藏,有一部重要性不亚于《黄帝内经》的医书,就是2018年刚入选《世界记忆亚太地区名录》的《四部医典》。想不想去了解一下?"

台台:"西藏的医书?我要去,我要去!时空机,快出发!"

说完,时空机瞬间切换,兰兰和台台看见了一个身穿藏族服饰的人在伏案写字。

珍档风采

四个不同版本的木刻版《四部医典》(图片由西藏自治区藏医院提供)

台台:"姐姐,那个人是谁啊?"

兰兰:"他就是宇妥宁玛·云丹贡布啊!"

台台:"什么?谁?"

兰兰:"就是首先总结传统藏医药理论和治疗经验,吸收中医、印度传统医学和阿拉伯等医学的精华,编写了《四部医典》的人,就是他!"

听到有人说话,宇妥宁玛·云丹贡布停下了笔,看到兰兰和台台,招了招手邀请姐弟俩进入屋子。

宇妥宁玛·云丹贡布:"远方来的客人,你们好啊。"

《四部医典》

珍档风采

金汁手写版《四部医典》中的根本、论说、秘诀、后续四大部分（图片由西藏自治区藏医院提供）

金汁手写版《四部医典》插图（图片由西藏自治区藏医院提供）

台台："呀，您汉语说得好好呀。"

宇妥宁玛·云丹贡布："谢谢你的夸奖。我从小就对医学有着浓厚的兴趣，六岁随父学医，为了了解民间医方和医学经验，游历了祖国各地和邻近的国家，还在游历的过程中学会了汉语和一些当地的语言。"

台台："您好厉害！那您在写的是医书吗？"

宇妥宁玛·云丹贡布："是啊，我正在写《居悉》。"

这时,兰兰凑到台台耳边悄悄告诉他,《居悉》就是《四部医典》,是藏语的说法。台台恍然大悟,点点头。

台台:"那您准备怎么写啊?"

宇妥宁玛·云丹贡布:"我打算分四个部分来写,第一部分主要对生理、病理、诊断、治法等方面做一些理论阐述,第二部分是用取类比象的方法进一步阐述理论,第三部分讨论一些临床疾病的内容,第四部分介绍药物知识和炮炙法及内外治法。我准备以药王与五个化身相互问答的形式成文。"

不回答还好,这一回答,台台听得更是云里雾里,不过最后一句他好像听明白了。

台台:"姐姐,前面的《黄帝内经》也是用一问一答的形式写的吧?"

兰兰:"是啊,台台记性真好!不过咱们还是别打扰他写书了,先走吧!"

辞别了宇妥宁玛·云丹贡布,台台脑子里还有好多小问号:"姐姐,你再和我讲讲《四部医典》吧,我还没听够呢!"

兰兰："《四部医典》这部医书可厉害了！历代藏医学习时必读此书，还有'不读《四部医典》不可为人医'之说呢。它是一部集藏医药实践与理论精华于一体的藏医药经典论著，被誉为'藏医百科全书'。"

台台："怪不得能入选《世界记忆亚太地区名录》呢！宇妥宁玛·云丹贡布可真厉害！"

兰兰："不过呢，虽然《四部医典》主要是在宇妥宁玛·云丹贡布手里成书的，但后来也经过了许多藏医药学家的增补修改，特别是在12世纪由他的第十三代子嗣宇妥萨玛·云丹贡布进行了全面修订和增补，才最终定稿。"

台台："一部医学著作的问世可真是不容易呀！"

兰兰："是的。《四部医典》不仅在藏族影响深远，在16世纪，还被翻译成蒙古文，成了蒙医学的始祖。不仅如此，还有资料显示，美国也开设了藏医学校，他们的课程内容就是《四部医典》。"

台台："中国藏医真厉害。真遗憾刚刚没有多聊会儿。"

兰兰："不用遗憾，中国文化博大精深，前面还有好多珍贵档案文献等着我们去探寻了解呢！继续向前出发！"

记忆小名片

《四部医典》

出生时间：公元8世纪末
专　　业：医药
家族规模：4个部分共156个章节
监 护 人：西藏自治区藏医院

成就：藏医药学奠基著作，全面反映了藏医学发展的历史轨迹，亦是藏医学成长的真实记录，对青藏高原、喜马拉雅和蒙古地区的藏医学传播发展起到了不可替代的作用。

元代西藏官方档案

跟着兰兰全方位地了解完《四部医典》，台台已经深深地被孕育出《四部医典》的这片土地折服。

台台："姐姐，西藏这里还有没有其他有价值的珍贵文献遗产呢？我想去看看。"

兰兰："有呀，我带你去另一个地方！"

说罢，时空机便将他们带去了一个古代军营，里面似乎在举行什么重大的活动。

台台："姐姐，他们是谁？在干吗呢？"

兰兰："你现在看到的可是具有历史意义的一幕，西藏佛教名僧八思巴正在觐见元朝开国皇帝忽必烈！"

台台："谁和谁？在干吗？"

珍档风采

也孙铁木儿皇帝就任命斡色尔坚赞为地方税务官事所颁谕旨（图片由西藏自治区档案馆提供）

兰兰："忽必烈是元朝的开国皇帝。他是蒙古族人，一生征战，最后一统天下，建立了幅员辽阔的统一多民族国家——元。"

台台："那八思巴是谁？"

兰兰："八思巴是西藏的一名很有威望的高僧，被忽必烈奉为上师。"

台台："上师又是什么？为什么要奉八思巴为上师？"

兰兰："台台，你可真是'十万个为什么'！上师就是国家宗教的最高领袖。当时蒙古人为了统治西藏,采用了'因其俗而治其人'的策略,就是通过笼络西藏地区宗教势力,达到和平统一的目的。蒙古人当时找了一位西藏的高僧,也就是八思巴的伯父,进行谈判。1247年,10岁的八思巴随着伯父一起到达了凉州,会见了蒙古族首领。会谈中伯父表示西藏归附蒙古。你现在看到的应该是长大后的八思巴。他在六盘山觐见忽必烈,与其交谈,备受忽必烈推崇,后被奉为上师。"

台台:"是这样啊……可是为什么笼络宗教势力就可以达到和平统一的目的了呢?"

兰兰:"因为那时的西藏地区宗教首领有很高的威望、很大的话语权,所以说服最有影响力的宗教首领,就可以和平统一西藏啦!"

台台:"原来如此……"

兰兰:"后来在元代,西藏完全被纳入中央政权的行政管理体制,包括西藏的军事,可以说元代中央政府对于西藏地方具有完全的统治权与主权。元代统治管理西藏的过程中还产生了一批珍贵档案文献遗产,叫'元代西藏官方档案'。这批档案还于2013年成功入选了《世界记忆名录》呢!"

仁钦坚赞帝师就挨巴地方的寺院、谿卡、草木、水源皆属昆顿师长及仁钦白桑布师长事所颁法旨（图片由西藏自治区档案馆提供）

贡嘎仁钦扎巴坚赞就贡巴林寺所属耕地赐予布穷事所颁铁券文书（图片由西藏自治区档案馆提供）

台台："原来有这么多故事呢！那这些档案里有什么呢？"

兰兰："这批档案产生于公元1304年至1367年间，即元代中央政权的中后期。其中有当时元代中央政府与西藏地方之间来往的重要文件，以及由元代中央政府任命的西藏地方官员行使职权的一些重要文件,共计22件,包括4件圣旨、5件法旨和13件铁券文书。圣旨是用八思巴文书写的。"

台台:"八思巴文?"

兰兰:"是啊!八思巴文就是忽必烈委托八思巴创造的一种蒙古文字。"

台台:"为什么要让八思巴创造蒙古文字?"

兰兰:"大概是由于当时蒙古人所使用的文字源自回鹘人,而非蒙古人原创的,不能很好地表达蒙古语语音。八思巴文的推广促进了蒙古族的文明进程。伴随着元帝国的消亡,八思巴文也被逐渐废弃,但我们今天仍能在各种八思巴文钱币及其他元朝文物上见到它,比如这些圣旨。"

台台:"八思巴真是个厉害的人啊!那法旨和铁券文书又是什么?"

兰兰:"法旨就是宗教首领的命令。铁券文书是古代帝王赐给功臣的一种带盟约性质的文书,文书的内容主要就是皇帝赋予功臣和功臣后代的特权以及皇帝的承诺等。"

台台:"姐姐,我们来西藏认识了好多具有民族特色的文献遗产!这趟西藏之行真有意义。"

记忆小名片

元代西藏官方档案

出生时间:1304—1367年
专　　业:管理
家族规模:4件圣旨,5件法旨,13件铁券文书
监 护 人:西藏自治区档案馆

成就:为认识古代西藏政治、宗教、经济和文化状况提供了真实的证据,反映了青藏高原独特的政治生活形态,体现了元代中央政府对西藏地方的有效管辖。

清代样式雷图档

兰兰："台台，我们刚刚在元朝逛了一大圈。你知道吗，元朝是由蒙古族建立的王朝，元朝之后还有个由少数民族建立的王朝，那就是由满族建立的清朝。清朝的珍贵档案文献遗产也是非常丰富的哦。我们一起去清朝看看吧！"

台台："好啊！"

乘着时空机，兰兰和台台穿过时间的隧道，来到了清朝。他们穿越云层，俯瞰大地，看到一座黄瓦红墙、威严而壮丽的古老城市。

台台："姐姐，下面的古城是哪里？好壮观！"

珍档风采

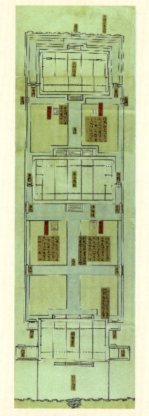
三大殿图（图片由中国国家图书馆提供）

兰兰："台台，这就是清朝的紫禁城，也就是现在北京的故宫。"

台台："这么宏伟壮丽的建筑群，古人在几百年前就造出来了，太有才了。"

兰兰："是啊，它们的'首席建造设计师'就是大名鼎鼎的雷氏家族。这个家族七代效力清廷，主持了200多年的清代皇家建筑设计，因此被世人誉称'样式雷'。"

台台："好厉害的家族！除了故宫，还有哪些皇家建筑是他们设计建造的呢？"

兰兰："那可有得说了！'一家样式雷，半部古建史'，比如天坛、颐和园、清东陵与清西陵、承德避暑山庄，这些都是他们的成就。这四项和故宫都被列入了联合国的《世界遗产名录》呢。"

台台："《世界遗产名录》又是什么名录呀？"

兰兰："简单地说吧，世界上对人类有价值的遗产有很多种类型，比如档案文献、自然景观、文化处所等。我们已经知道《世界记忆名录》是为了保护档案文献遗产而设立的，而《世界遗产名录》就是为了保护具有世界意义的文化处所或自然景观而设立的，它也是由联合国发起、联合国教科文组织负责执行的哦。"

台台："原来是这样，又学习到新知识了！"

兰兰："还有哦，圆明园也出自雷氏家族之手！"

台台："就是那个有'万园之园'之称的圆明园？可惜一把大火把它烧为灰烬了，我们再也瞻仰不到它的风采了。"

兰兰："虽然看不到实物了，但是'样式雷'给了我们一个了解圆明园原貌的机会！"

台台："怎么说？"

清代样式雷图档

彩棚立样
（图片由中国国家图书馆提供）

烫样（图片由中国国家图书馆提供）

兰兰："在设计这些皇家建筑时，'样式雷'会制作一些文件、烫样和图纸等。这些资料有超过2万件保存至今，并在2007年入选了《世界记忆名录》，其中就有关于圆明园的图样和烫样等资料。通过这些资料，我们就可以了解圆明园的建筑过程并复原相关的建筑面貌了！清华大学的一支团队还利用现代科学技术，结合各种史料，还原了圆明园的全貌。"

台台："哇……真厉害！"

兰兰："这就是我们费尽心思保护档案文献遗产的意义所在呀！"

台台："嗯！姐姐，你刚刚说了个词语叫'烫样'，那是什么东西？"

兰兰:"烫样呢,就像你平时玩的房子模型,是'样式雷'在建造房子前用纸、木头等材料做成的模型,用来给皇帝御览。因为制作过程中会用烙铁熨烫,所以叫烫样。就是这个样子!"

说罢,时空机显示屏上出现了烫样的图片,俨然就是一座缩小版的古城。

台台:"好逼真呀,这可比我玩的模型高级多了!"

兰兰:"那是,有了这些资料,我们不仅了解了中国古代的建筑,还能通过研究它们修复历史建筑呢!"

记忆小名片

清代样式雷图档

出生时间:清代(1644—1911年)
专　　业:建筑
家族规模:2万余件
监 护 人:中国国家图书馆、
　　　　　　中国第一历史档案馆、
　　　　　　故宫博物院等

成就:唯一幸存的系统的中国古代建筑工程图档,填补了中国古代建筑史研究的空白,是研究、修缮、复原中国古代建筑的第一手资料。

清代样式雷图档

清代内阁秘本档中有关17世纪在华西洋传教士活动的档案

时空机继续带着兰兰和台台向紫禁城靠近,本来蚂蚁一样大小的人群也逐渐清晰起来。只见城里的男子身着长袍,头顶长辫,女子鬓发如云,纤眉粉面,看得他俩都入迷了。

这时,一个高鼻深眸、胡须满面、顶戴花翎的外国人吸引了台台的注意。他好像正和一群中国官员讨论问题。一张大大的彩色图纸摆在他们面前。

台台:"姐姐,你看!怎么会有个外国人在紫禁城?还穿着和中国人一样的衣服?"

兰兰:"那是从西方来的传教士。清代有大量传教士来到中国交流中西方文化。他应该是当时最出名的德国传教士汤若望。"

台台:"传教士在清代的中国都做些什么呢?"

珍档风采

清代内阁满文秘本档（图片由中国第一历史档案馆提供）

兰兰："是不是很好奇？这就是时空机带我们来这儿的原因！有一份详细记录了清初这些西洋传教士在中国活动情况的档案也入选了《世界记忆名录》哦！"

台台："真的吗？什么档案呀？"

兰兰："是1999年入选《世界记忆名录》的'清代内阁秘本档中有关17世纪在华西洋传教士活动的档案',汤若望在清朝的经历是其中的重要内容呢。这份档案现在保存在中国第一历史档案馆,一共有24件满文档案。"

台台："满文档案?那我可没机会看懂了……"

兰兰："不用担心,中国第一历史档案馆的满文专家安双成先生已经编译了中文译本,名字是《清初西洋传教士满文档案译本》。你可以自己去了解他们的故事啦!"

台台："太好了!可是我现在就好想知道汤若望的故事。姐姐,你先和我简单说说吧!"

兰兰："汤若望是一名来自德国的天主教耶稣会传教士,在中国生活了47年,经历了明、清两个朝代。由于他通晓天文历法,学识渊博,在明崇祯七年(1634年)被聘至宫中,专修历法。后来汤若望因为准确推算出了日食的时间,深受皇帝重用,在清代顺治年间被任命为钦天监监正,就是专门观察天象、推算节气、制定历法的官职。他在中国期间参与编写的《崇祯历书》,堪称一部集欧洲古典天文学知识和数学知识于一体的百科全书。"

台台："真是厉害啊！那后来呢？"

兰兰："后来……在当时的社会,中西方文化差异很大。虽然汤若望为清代历法做出了很大的贡献,但是两种文化很难完全融合,最终还是产生了尖锐的矛盾。传教士在中国的地位也每况愈下,最后都被驱逐出境。汤若望晚年历经苦难,最后在北京辞世。"

台台："历史真是风云变幻啊！"

兰兰："是啊,不过无论怎样,这次的交流对于中西方来说都是意义非凡的。"

台台："那他们不远万里漂洋过海来到中国,除了交流天文历法外,还有别的吗？"

兰兰："当然有！传教士除了为古老的中国带来了西方的天文历法外,还有几何、算术、代数等科学知识。中国文化源远流长,也有许多被他们传回欧洲,比如文学、美术、瓷器、建筑等文化。18世纪的欧洲一度掀起一场崇拜中国文化的浪潮,欧洲的大思想家伏尔泰、大文学家歌德、经济学家杜尔哥等人,都深受中国思想影响。伏尔泰还将中国的《赵氏孤儿》改编成新剧本,在巴黎上演,盛况空前。"

台台："没想到古代既没有飞机也没有高铁,中西方文化也能有这么深的交流呀！"

记忆小名片

清代内阁秘本档中有关17世纪在华西洋传教士活动的档案

出生时间： 17世纪中叶
专　　业： 历史
家族规模： 24件满文档案
监 护 人： 中国第一历史档案馆

成就： 反映了近代西洋传教士在华活动的真实情况,在研究中西文化交流、民族语言多样性以及清代文书档案制度方面均具有重要意义。

赤道南北两总星图

台台正感慨万千,无意间注意到汤若望面前桌上的图纸。

台台:"姐姐,桌上那是什么?有点像地图,但是又像画一样美。"

珍档风采

赤道南北两总星图(图片由中国第一历史档案馆提供)

兰兰："这是大名鼎鼎的中国古代皇家御用星图——'赤道南北两总星图'。2014年它入选了《世界记忆亚太地区名录》哦！"

台台："一张图也能入选亚太地区的名录？里面有什么玄机吗？"

兰兰："你可别小看它。这幅图制成于明崇祯七年（1634年），是由明礼部尚书、文渊阁大学士徐光启主持测绘的，汤若望也参与了设计绘制。你看，在整幅图的首尾，还印有徐光启所撰《赤道南北两总星图叙》和汤若望署名的《赤道两总星图说》两篇长文呢。它可是现存的时间最早、尺寸最大的东方皇家御用星图。"

台台："那图上这些密密麻麻的小星点有什么奥秘吗？"

兰兰："这里面可是大有乾坤！图上最大的两个圆就是南赤道所见星图和北赤道所见星图。在两幅主图之间和外沿部分，分别绘有《赤道图》《黄道图》等各种小星图14幅、黄道经纬仪等各种天文仪器4幅，合计20幅图。"

台台："原来这不仅仅是一幅图啊！"

兰兰:"是啊!你再仔细看,图上的星星大小不一,既有星座,也有星云,甚至有银河系,内容非常丰富,可以说是星座图中的鸿篇巨制!"

台台:"好美……"

台台听着姐姐的介绍,目不转睛地盯着这幅星图,仿佛身体已经坠入了图中的星海,在无垠的宇宙中遨游……

兰兰:"说起这张图,还有件有意思的事。"

台台:"哦!什么事?"

兰兰:"这幅图印绘后不久,参与设计绘制的汤若望就复制了两个副本送去欧洲,一份藏于梵蒂冈图书馆,一份藏于法国国家图书馆。"

台台:"那现在世界上有三幅一样的'赤道南北两总星图'啦?"

兰兰:"不完全是。原版和复制版大体相同,但略有区别。其中一个显著区别就是,原版由于是供皇帝御用的,进行了艺术加工,制作更为精湛,图上星座都被镀成了金色,整幅图光彩夺目,而复制版只是稍微加了点颜色。原版图深受皇帝喜爱,一直深藏于皇宫中,不为外人所见。西方人一度误认为他们所拥有的图是世界唯一的,还将该图命名为'汤若望星座图'。"

台台："看来无论什么国籍和肤色的人,对这些珍贵档案文献遗产都是非常珍视的。"

兰兰："是啊,珍贵档案文献遗产是属于我们全人类的财富!"

记忆小名片

赤道南北两总星图

出生时间：明代崇祯七年(1634年)
专　　业：天文
家族规模：一幅包含20幅小图的大图
监 护 人：中国第一历史档案馆

成就：一幅具有划时代意义的杰出星图,使中国古星图在世界天文学史上占有重要的位置,见证了中西方科学文化交流史。

清代科举大金榜

正看得入迷的两姐弟,思绪突然被一阵来自城墙外的喧闹声打断了。一群人围着紫禁城城墙,激动地对着墙壁上张贴的一张黄纸指指点点。

台台:"姐姐,姐姐,你看,他们围在一起看什么呢?奉天承运皇帝制曰……"

兰兰:"呀,他们看榜呢!"

台台："什么榜？"

兰兰："就是公布科举考试殿试名次的大金榜啊！"

台台："科举考试我经常在电视里看到，可是殿试是什么呀？"

兰兰："殿试就是科举考试中最高一级的考试哦！古代科举考试一般分为四个等级，从低到高依次是童试、乡试、会试和殿试，其中殿试在紫禁城的保和殿举行，皇帝会亲自出题并主持这轮考试。金榜就是殿试的成绩榜啦！2005年，'清代科举大金榜'还入选了《世界记忆名录》呢！"

台台："原来如此！我们现在说的'金榜题名'是不是就源自科举制度？"

兰兰："对，还有'连中三元''登科及第'……"

台台："都是什么意思呢？我又不明白了……"

兰兰："这就要详细说说科举考试的各个等级了。准备投身于科举考试的读书人统称为童生，通过童试的考生就可称为秀才，通过乡试的考生就是举人，其中乡试的第一名称为解元。接着就是会试，通过会试的称为贡士，第一名叫作会元。最后就是殿试，通过殿试的考生都可称为进士。殿试可细分三甲,就像这个大金榜上写的,第一甲赐进士及第,第二甲赐进士出身,第三甲赐同进士出身。第一甲又有三名,第一名俗称状元,第二名俗称榜眼,第三名俗称探花,

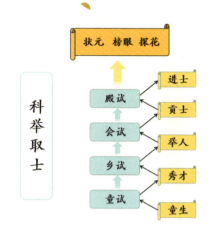

合称三鼎甲。'连中三元'就是接连在乡试、会试、殿试中考中了第一名,分别中了解元、会元和状元。能'连中三元'的考生那是非常了不起的。'登科及第'就是参加科举考试被录取的意思。"

台台:"哇,那能金榜题名的人都是名副其实的学霸呀!"

兰兰:"哈哈,是啊!科举制度自隋朝建立,经历唐、宋、元、明、清,直到清末彻底废除的1300多年间,多少文人才子都投身于科举考试的洪流中,留下了一段段历史故事……"

珍档风采

咸丰六年大金榜（图片由中国第一历史档案馆提供）

台台："姐姐，快和我说说吧！有没有我认识的人呀？"

兰兰："那可太多啦！唐代田园派诗人王维就曾高中状元，与欧阳询、颜真卿、赵孟頫合称'楷书四大家'的柳公权也曾金榜题名，高中状元。还有咱们苏州的才子唐伯虎，29岁中了解元，之后却因为卷入了一场舞弊案，无缘科考，断送仕途，成了流落民间的风流才子。"

台台:"大金榜里藏着好多故事啊!我要好好研究一下这个金榜,看看这里面有没有我认识的人!"

兰兰:"那你可有得看啦!这个大金榜足足记录了100名考生的名字和出生地呢。"

台台:"啊?这个大金榜也太长了吧,我都要看花眼了……"

兰兰:"它有近20米长呢,高度89厘米。你知道吗?除了大金榜,还有小金榜哦!"

台台:"小金榜是什么榜?"

兰兰:"大金榜和小金榜都记录了殿试考生的成绩,但是大小不一样,功能也不一样。大金榜会盖上'皇帝之宝'的印章,张挂在城墙上告示天下;小金榜不用印,是大金榜的副本,长度约1米,高度35厘米,是专门用来给皇帝看的。"

台台:"是这样啊!姐姐你看,这大金榜上不仅有汉字,还有一种奇怪的字!"

兰兰:"台台观察得真仔细,那是满文。前面不是说了吗,清朝是由满族人建立的,所以金榜上采用了两种民族的文字。"

台台:"原来如此!"

清代科举大金榜

记忆小名片

清代科举大金榜

出生时间：康熙六年(1667年)至光绪二十九年(1903年)
专　　业：教育
家族规模：大小金榜共200多份
监 护 人：中国第一历史档案馆

成就：具有很高的书法艺术价值，为了解清代的科举制度提供了第一手资料。

清代澳门地方衙门档案

在紫禁城驻留的这一会儿,台台的小脑袋瓜已经被塞得满满的了。时空机继续运转,一路南下,把他们从京城带到了南方的一个港口。只见洋船穿梭不息,岸边人来人往,肤色各异。此时时空机显示屏显示:清代,澳门。

台台:"姐姐,我们从京城到澳门了,这里好热闹啊!还有这么多外国人,难以置信!"

兰兰:"是啊,当时的澳门在世界上有着特殊的地位和作用。它是中国对外贸易和交往的枢纽口岸,所以这里洋船聚散,商人如梭,是清代东西方文化交会的中心。"

台台:"时空机带我们来到这里,是不是因为这里也产生了一些珍贵档案文献遗产?"

兰兰:"你猜对了!当时清廷在对澳门管治的过程中,产生了大量的文书。这些文书被保留到后世,称为'清代澳门地方衙门档案',或者'汉文文书',于2017年入选《世界记忆名录》。"

台台:"那这里面都有些什么呢?"

兰兰:"里面主要有当时清廷与澳葡政府之间往来文书形成的档案,包括1500多件中文文书原件、5册澳葡议事会葡文译本和4小包零散文件,共3600份档案文书。"

台台:"姐姐,你说的澳葡是什么?是澳门和葡萄牙的结合体吗……"

兰兰:"呃,了解了澳门的历史你就知道了。澳门曾经是被葡萄牙殖民的,直到1999年12月20日,澳门才回归中国。为了区分被殖民时期的澳门政府和回归中国后的澳门政府,我们就将殖民时期的澳门政府称为澳葡政府,而现在的就是澳门特别行政区政府。"

台台:"原来是这样!与澳葡政府之间往来文书形成的档案……我可想象不出来,姐姐有没有具体的例子?"

兰兰:"那我就说些有趣的吧!在清代前期,清朝官员会要求葡人理事官对在澳门居住的葡萄牙人进行普查,包括烟户有多少,男女各有多少人,都要白纸黑字地统计清楚,上交给清政府。清政府对在澳门的其他国家的人也会进行人口普查。这些档案里就记载了清朝时期澳门的外国人口普查情况哦。"

台台:"那时候就有'大数据'了呀!"

珍档风采

清代澳门地方衙门档案
(图片由澳门档案馆提供)

清代澳门地方衙门档案

兰兰："哈哈！还有个故事，乾隆末年至嘉庆年间，广东沿海海盗肆虐，其中有个大海盗叫张保仔。当时的清朝官员下令葡人官员剿捕海盗，并招安张保仔。张保仔受招安后，就住在了澳门。当时招安张保仔的谕书还存留在'清代澳门地方衙门档案'里呢。"

台台："历史真有意思，跟着姐姐总能学到好多知识！"

记忆小名片

清代澳门地方衙门档案

出生时间：1693—1886 年
专　　业：管理
家族规模：3600 份
监 护 人：澳门档案馆、
　　　　　　葡萄牙东波塔档案馆

成就：见证了澳门在促进国际贸易和中西方交流中扮演的重要角色，是研究澳门历史以及中外关系史极为珍贵的第一手资料。

天主教澳门教区档案文献

兰兰："既然到了澳门,那我再带你去个地方长长知识!"

台台："好的!"

兰兰和台台被时空机带到了一座西式建筑前,建筑上写着"圣若瑟修院"五个大字。

台台:"姐姐,这是哪儿啊?建筑风格好像和我们之前看到的不一样了。"

兰兰:"这里是澳门的耶稣会修院,名字叫圣若瑟修院。这里的建筑是典型的欧洲巴洛克风格,和我们中国的建筑当然不一样啦!"

台台:"修院是干什么的?和《世界记忆名录》有什么关系吗?"

珍档风采

欧洲来澳门工作的神父的个人记录(图片由澳门文献信息学会提供)

兰兰:"圣若瑟修院主要用于培训进入中国传教的修士,由耶稣会会士于清代雍正六年(1728年)创办。圣若瑟修院除了历史悠久外,里面还保藏着重要的档案文献遗产哦!2010年入选《世界记忆亚太地区名录》的'天主教澳门教区档案文献',就有一部分保存在这里,还有一部分保存在澳门教区主教公署。"

台台:"天主教?汤若望也是天主教传教士。澳门也有天主教啊?"

兰兰:"是啊,而且澳门对于天主教来说是个很重要的地方哦!澳门自从16世纪设立外贸口岸以来,便成为天主教向中国派遣传教士的基地。在清代康熙、乾隆禁教时期,澳门又成为中国遣返传教士的地方。因此,澳门地区积累了相当多的天主教档案文献遗产。"

台台:"那这些档案文献遗产都有什么呢?"

兰兰:"这里面包括书籍、教友领洗记录、圣若瑟修院所藏的古籍等,也有澳门教区的传教士在16世纪至19世纪的活动、履历等正式记录。它们的文字不止中文,还有拉丁文、葡萄牙文和一些其他欧洲国家的文字哦。"

台台:"没想到传教士这么喜欢来中国交流文化呀!可是语言不同,文化差异那么大,过程应该会很难吧?"

兰兰:"当时的传教士,在融入中国文化上可花了很多功夫呢!他们对中国文化有着浓厚的兴趣,不仅主动学习中国的官方语言,还用拉丁文编

天主教澳门教区档案文献

珍档风采

天主教澳门教区档案文献(图片由澳门文献信息学会提供)

写出版了中国语言文法书籍和字典,后者成为欧洲人了解中国的工具。除了学习官方语言外,他们还学习地方方言,如粤语、上海话等,以便和中国地方的老百姓沟通。他们还编写了很多与中国文化有关的书籍,包括中国的风俗、历史、医学等。这些在圣若瑟修院里都有保存哦。"

台台:"没想到内容这么丰富呀!真是'屋中自有黄金书'啊!"

兰兰:"哈哈哈……台台你可真会改!这座古老的建筑本身也很有价值哦,在2001年还获得了联合国教科文组织亚太区文物古迹保护奖,2005年成为澳门历史城区的一部分,被列入《世界遗产名录》。"

台台:"哇!那我们现在还能看到这个建筑,实在是很幸运呀!"

记忆小名片

天主教澳门教区档案文献

出生时间:16—19 世纪
专　　业:文化
家族规模:不详
监 护 人:澳门教区主教公署、澳门圣若瑟修院
成就:见证了澳门教会在东西方文化交流中的角色,以及当地早期传教士的贡献,有助于我们更深入地了解澳门历史文化。

澳门功德林档案文献

台台:"姐姐,天主教是外来的宗教,那澳门有没有其他宗教呢?"

兰兰:"当然有!我们再去澳门的另一个地方看看你就明白了。"

时空机开启了时空切换功能,兰兰和台台瞬间从天主教的修道院转移到了另一个建筑物前,门楣用篆书刻着三个大字——"功德林"。

台台:"姐姐,这是哪里?门上那三个字是什么呀?"

兰兰:"我们到了澳门的功德林啦!那三个字就是篆体的'功德林'。"

台台："功德林是干什么的呢？"

兰兰："功德林是一座古老的佛教学院庙宇,早在1912年就有了,是澳门首家女子佛学院哦。"

台台："哦。这里面是不是像圣若瑟修院一样,也保存了很多珍贵档案文献遗产？"

珍档风采

澳门功德林档案文献(图中展示了1928年整理的书目,图片由澳门文献信息学会提供)

珍档风采

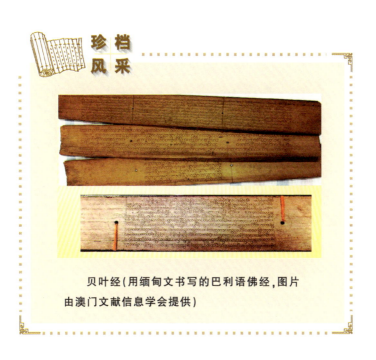

贝叶经（用缅甸文书写的巴利语佛经，图片由澳门文献信息学会提供）

兰兰："是的。这里曾经汇集了很多僧尼和文化名人，他们在此学佛论道，留下了丰富的文献遗产，包括佛教文献和名人书画等。载体形式也多种多样，有贝叶、线装纸本、手抄本等。这些档案文献遗产还在2016年入选了《世界记忆亚太地区名录》。"

台台:"又是一座藏着宝贝的屋子呀!"

兰兰:"是啊。你知道吗?这个佛教庙宇其实是用一个人的住宅改造而成的哦。"

台台:"真的吗?"

兰兰:"当然!20世纪初有个叫张寿波的人,他皈依佛门后,就将自己的住宅改为功德林,作为佛教修行的道场,造福了后世的佛教子弟。"

台台:"他可真是功德无量呀!阿弥陀佛,善哉善哉!"

兰兰:"对了,张寿波还是清末'戊戌变法'发起人之一康有为的大弟子呢!"

台台摸摸后脑勺:"'戊戌变法'又是什么?"

兰兰:"弟弟,你可真要好好补一下历史课啦!'戊戌变法'是晚清时期的一场资产阶级改良运动,以康有为、梁启超等人为核心,通过光绪皇帝倡导学习西方,提倡科学文化,改革政治、教育制度,发展农、工、商业等。这次运动大大促进了中国的思想解放,推动了近代社会的进步。"

台台:"历史真是丰富多彩,我以后一定要好好学习!"

记忆小名片

澳门功德林档案文献

出生时间：1645—1980年
专　　业：文化
家族规模：6000多件
监 护 人：澳门功德林寺院

成就：见证了澳门佛学的渊源以及澳门在近现代史上的角色和地位，推动了中华佛教文化在世界的弘扬。

孔子世家明清文书档案

看着台台高涨的学习热情,兰兰决定趁热打铁,带他去另外一个地方。

时空机腾空飞起。

台台:"姐姐,我们接下来去哪里呢?"

兰兰:"台台,你知道中国古代最伟大的教育家是谁吗?"

台台:"是孔子!"

兰兰:"没错,所以我们接下来就去孔子的老家'孔府'看看!时空机,出发去山东曲阜!"

时空机停在一座中式风格的建筑物前。

兰兰:"这里就是孔府啦!"

台台:"哇,这里好大好气派啊!门上这两个大字,我只认得第二个,是'府'字,第一个字不像'孔'字呀?"

兰兰："那本来就不是'孔',而是繁体的'圣'字,'圣府'。这是明朝著名的权臣严嵩所题的。"

台台："为什么叫圣府呀?"

七十二代衍圣公孔宪培袭爵到任仪注单（图片由孔子博物馆提供）

清光绪二十九年衍圣公孔令贻奏光绪皇帝为叩谢恩赏戴双眼花翎事（图片由孔子博物馆提供）

珍档风采

清嘉庆十九年复沛县祭田碑底稿(图片由孔子博物馆提供)

兰兰:"自汉代'罢黜百家,独尊儒术'以来,孔子的地位一直很高。历代皇帝都非常尊崇孔氏家族,封孔子嫡子孙'衍圣公'爵位,因此孔府又叫'衍圣公府'。孔氏家族不仅享有很多特权,还能生活在这么大的府邸里,这都得益于先祖孔子的荫庇。孔府可是仅次于明清皇宫的最大的府邸,被称为'天下第一家'呢!"

台台:"'衍圣公'爵位是不是一种很高的荣誉?"

兰兰："是啊，在中国，爵位是中国古代皇族、贵族的封号，不同爵位可以表示不同身份等级的高低。'衍圣公'是中国封建社会享有特权的大贵族，明初是一品文官，后又'班列文官之首'。"

台台："孔府得有多大啊？我怎么觉得一眼望不到头呀！"

兰兰："你现在看到的孔府占地约7.4公顷，有古建筑480间。"

台台："这也太大了吧！孔子的后代就世世代代住在这些大宅子里吗？"

兰兰："嗯，不过孔府可不是一开始就有这么大的规模哦！孔子去世后，他的子孙依庙建宅，设学教书，世代看守孔子的遗物和孔庙。刚开始，孔府只是一座普通平民家宅的规格，持续了200多年。后来随着帝王对孔子思想的推崇，孔府逐渐扩大，直到明代弘治十六年（1503年），才形成了现有的规模，是一座典型的中国贵族门户之家。孔府现在还是世界文化遗产、全国重点文物保护单位、国家AAAAA级旅游景区呢！"

珍档风采

明嘉靖二十四年衍圣公府咨吏部为保举孔承业继任曲阜世职知县事（图片由孔子博物馆提供）

台台："真好！这样我们现代人都能好好地瞻仰一下孔子老爷爷的家了！姐姐你看，孔府里面的人来来往往，不知道又发生了哪些故事呢！"

兰兰："是啊,孔府的故事不仅在于建筑物本身,更重要的是住在其中的人的故事。孔子世家历经数个朝代,绵延不衰,孔府里也因此产生了大量的档案文献,并完整地保存了下来,这就是现在我们所说的'孔子世家明清文书档案',也叫'孔府档案'。这些档案于2016年入选了《世界记忆亚太地区名录》。"

台台："果然这里也有珍贵档案文献遗产呀!那它们都记录了些什么啊?"

兰兰："'孔子世家明清文书档案'详细记录了孔府从明代嘉靖十三年(1534年)至1948年400多年的各种活动,包括衍圣公与朝廷、地方官员往来的各式公文,也有记录孔府各机构运转及孔氏家族日常生活状况的文书。它可是一份中国著名的私家档案,时间跨度长、数量多、内涵丰富、历史久远,这在中国乃至世界上也是叹为观止的。"

台台："家族档案能有这么大的影响力,非孔子世家莫属了吧!"

记忆小名片

孔子世家明清文书档案

出生时间：1534—1948 年
专　　业：历史
家族规模：9021 卷
监 护 人：孔子博物馆

成就：是研究中国封建社会宗法制度不可或缺的珍贵资料，也从侧面反映出中国封建社会 400 多年间的历史面貌，是非常宝贵的历史文化遗产。

南京大屠杀档案

参观了一番孔府,兰兰、台台都感慨万分。

台台:"这里浓缩了中国几千年来的文化传承,一定要好好保护。"

兰兰:"嗯,文化的传承需要我们共同努力。但是总有一些不好的事会发生,破坏我们的美好生活,威胁我们的文化传承。"

台台:"比如说?"

兰兰:"战争!"

话音刚落,时空机便重新钻进时光隧道,带着他们前往下一个目的地。

时空机停下来,他们被带到了一个室内,里面挤满了各个国家的人,表情凝重。一个日本人站在审判席上,好像正在接受大家的审判。

台台:"他是谁呀?"

兰兰:"那是南京大屠杀的主犯谷寿夫。"

台台:"南京大屠杀……我知道,这是中国人民最悲痛和屈辱的一段历史。"

兰兰:"嗯,这个人就是当年攻入南京城后唆使部下烧杀抢掠的主要人物之一。"

台台:"哼,真是太可恶了。"

兰兰:"是的,所以他要为他的行为负责,要接受审判!"

台台:"罪有应得!可是即使罪人被制裁,我的内心还是不能平静。想想那些逝去的30万生命,心里就很难受……"

兰兰:"历史确实很沉重,我们不能遗忘。某些人却罔顾历史,叫嚣着南京大屠杀是一段不存在的历史,是编造出来的谎言。"

台台:"什么?历史怎么可以胡乱篡改和否认?"

兰兰:"历史真相当然不容置疑。南京大屠杀的历史,都是有真实的第一手史料记载的。"

台台:"做过的事情是抹不掉的,肯定会留下痕迹!南京大屠杀都留下了哪些证据呢?"

兰兰:"南京大屠杀历史事件留下了铁证如山的档案资料。当时在南京城的人们,在日本侵略者的高压环境里，通过各种方式保存下了记录日本侵略者暴行的资料。有文字记录，也有照片影像，如《程瑞芳日记》，美国牧师约翰·马吉拍摄南京大屠杀实景时用的16毫米电影胶片母片、胶片盒、摄影机，时任金陵大学历史系美籍教授贝德士提供给南京审判战犯军事法庭的证词，等等。"

台台："这么多真实的记录，一定可以成为驳斥否认历史的人的有力证据。"

珍档风采

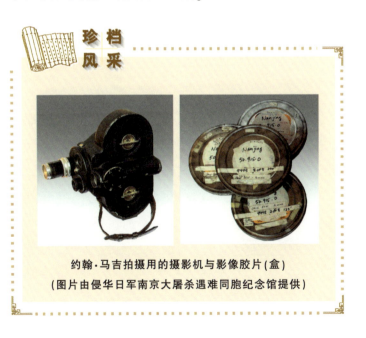

约翰·马吉拍摄用的摄影机与影像胶片(盒)
(图片由侵华日军南京大屠杀遇难同胞纪念馆提供)

南京大屠杀档案

珍档风采

谷寿夫判决书（图片由中国第二历史档案馆提供）

兰兰："对！而且为了更好地保护南京大屠杀历史不被篡改和遗忘，这些资料组成了'南京大屠杀档案'，并于2015年入选了《世界记忆名录》。"

台台："将中国这段惨痛的历史记忆推升到世界记忆的高度，会不会引发大家的仇恨情绪？"

兰兰："铭记历史，不是为了延续仇恨，而是要引以为戒，同时不断强大自我。无法正视历史就是无法正视自己的错误，必将重蹈覆辙。"

台台："姐姐说得真好！"

兰兰："在留存下来的档案里,我们既能看到日本侵略者对中国人民犯下的滔天罪行,也能看到中国人民不屈不挠的反抗斗争。有一份珍贵档案文献遗产就记录了中国人民反抗日本侵略的英勇事迹,咱们一起去看看吧!"

台台："好的!"

记忆小名片

南京大屠杀档案

出生时间：1937—1956年

专　　业：历史

家族规模：共11组,分3个部分

监 护 人：中国中央档案馆、中国第二历史档案馆、辽宁省档案馆、吉林省档案馆、上海市档案馆、南京市档案馆、侵华日军南京大屠杀遇难同胞纪念馆

成就：记录侵华日军南京大屠杀的第一手史料,具有毋庸置疑的权威性、真实性和唯一性,对于研究当年历史具有极为重要的价值。

南侨机工档案

时空机带着兰兰和台台来到了 20 世纪 40 年代的中国云南山区。一条蜿蜒曲折的道路像蛇一样盘踞在树木丛生的山上。惊险刺激的一幕正在上演:一列运载着货物的中国车队行驶在山路上,几架印着日本国旗的战斗机正对着车队猛烈进攻。

台台："快,快,向左,向左,哎呀,快,再向右……"

最后,车队终于突破了敌军的围攻,消失在山脉之中。此时的台台头上挂着汗珠,小手还因为紧张握得紧紧的。

台台："姐姐,太惊险了,战争好可怕啊!"

兰兰："是啊,战场就是这么分秒必争,惊险无比!而且,这些驾驶员并不是职业军人,而是抗战时期从东南亚各国回来支援抗日的华侨,其中大多数人当时还很年轻呢。"

台台："战争这么残酷,他们还愿意回来支援中国人民,真是英勇无畏啊!"

兰兰："说得对,当时正值抗战时期,侨居南洋的中国人在爱国人士陈嘉庚的号召下回国参与抗日。这些华侨主要是一些汽车司机和修理工,因此后来简称'南侨机工'。他们为抗日战争和第二次世界大战中国东南亚战场的胜利做出了巨大的贡献。2018年入选《世界记忆亚太地区名录》的"南侨机工档案"就真实地记录了3000多名南洋华侨回国抗日的英勇事迹。"

南侨机工档案

珍档风采

南侨机工档案照片
（图片由云南省档案馆提供）

新加坡雪兰莪欢送第二批华侨机工回国服务

滇缅后方运输情形

机工回国后首先到设在潘家湾的西南运输处训练所受训，受训后被分派到各运输大队服务

台台：“为这么多抗日英雄点赞！那他们主要参与了哪些抗日活动呢？”

兰兰：“比如滇缅公路的抗战物资、军队的运输，还有汽车的修理等。他们刚刚应该就是在运输物资。”

台台：“为什么在滇缅公路运输呢？”

兰兰：“因为这条路连接着云南和缅甸，是一条诞生于抗日战争烽火中的国际通道。在日军进占越南后，滇越铁路中断，滇缅公路成为中国与外部世界联系的唯一的运输通道，在第二次世界大战中扮演着重要角色。”

台台：“可是这条路看起来不仅崎岖，还很破旧啊！”

兰兰：“这条路是当时为了抢运物资紧急修建的，所以路况并不是很好，一到雨季就泥泞不堪，还会有塌方的危险。不仅如此，它还处在横断山脉纵谷区，海拔500米至3000多米，沿途都是悬崖、急弯、深流。而且这一带还是有名的'烟瘴之地'，毒虫、猛兽猖獗，危机四伏。”

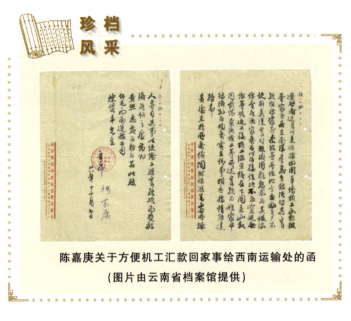

陈嘉庚关于方便机工汇款回家事给西南运输处的函
（图片由云南省档案馆提供）

台台："这些英勇的年轻驾驶员，不仅要应对敌军的空袭，还要应对恶劣的自然环境，真是困难重重啊！"

兰兰："但是他们可不怕。这些来自南洋的华侨，很多人本来过着安稳舒适的生活，但是当知道远方的祖国正面临着被侵略的危险后，便果断放弃了原来舒适的生活，投入水深火热的战争之中。"

台台："他们的精神可真伟大！"

兰兰："是的,所以为了让更多的人了解和铭记这个英勇的群体,云南省档案馆不仅对'南侨机工档案'进行了部分修复和保护,还先后在北京、海南、广东、云南和新加坡等地举办展览,并制作图书、画册、视频光盘等,产生了很大的社会影响。"

台台："相对于他们遇到的困难,我们生活中遇到的根本就不算什么!我们一定要好好学习他们的精神!"

记忆小名片

南侨机工档案

出生时间：1937—1948 年
专　　业：历史
家族规模：850 余卷
监 护 人：云南省档案馆

成就：是南洋华侨华人在世界反法西斯战争中反抗侵略、报效祖国、英勇献身史实的有力凭证,是研究中国抗战史、南洋华侨史和第二次世界大战史不可缺少的第一手资料,也是中国本土与东南亚国家移民社会之间独特纽带的证明,具有宝贵的史料价值。

侨批档案

台台："姐姐,没想到当时有那么多的中国人侨居南洋,心系祖国,心系家乡。"

兰兰："是啊,因为对家乡亲人的思念,那时候还产生了一种叫'侨批'的东西。"

台台："侨批?"

兰兰："没错,它也是《世界记忆名录》的一部分!下面我就带你了解一下广东和福建一带的侨批吧!"

话音刚落,兰兰和台台就被时空机带到了一个小镇上,降落在一条巷子里的瓦房边。没有了战火纷飞,只有带着烟火气息的安逸氛围,兰兰和台台紧绷的神经放松下来。

不远处,一位妈妈正搡着自己的孩子,和一位中年男子说话。

侨批封（不少侨批封采用"红条封"，并印制有陶怡松兰、富贵寿考、玉堂富贵、白头永昌等不同题材图案的山水画，蕴涵着丰富的中华传统文化）（图片由福建省档案馆提供）

兰兰："台台，你看那边，小朋友的妈妈正在从那个叔叔手里接过一封侨批！"

台台："那就是侨批吗？怎么看起来好像一封信……"

兰兰："答对了！其实它就是信。在广东和福建一带的方言里，书信的读音是'批'，因此海外华侨和家里人来往的书信就是侨批。"

台台："原来如此。"

兰兰："明清到民国时期，中国人多地少，外族入侵、农民起义不断，所以不少福建、广东的中国人选择到南洋讨生活。远在他乡的华侨,就给家乡的亲人寄回了一封封寄托思念的侨批。这些侨批里不仅有书信,还会有他们给家里人寄的钱哦!"

台台:"怪不得小朋友和他的妈妈都很开心啊!我猜这是小朋友爸爸寄给他们的信和钱!"

兰兰:"很有可能哦!"

台台:"那时候的人联系一次可真不容易啊,不像我们现在,有手机、电脑,轻轻点几下就能打电话、视频对话,还能手机转账!"

珍档风采

汇票(图片由福建省档案馆提供)

兰兰："哈哈,对啊！信息和交通都很闭塞的年代,传一封侨批可不容易了！刚开始只是一些叫'水客'的人经常往来于海内外,替人捎带些钱、信、物。随着社会的发展,侨批行业开始形成并逐渐兴盛,出现了批局和专门的侨批派送员等。"

台台："批局就像我们现在的邮局？"

兰兰："没错。那个叔叔应该就是侨批派送员。你看,他随身还带着侨批派送员的'三件宝'呢！"

台台："哪三件宝？"

兰兰："当然是水布、雨伞和市篮啦。"

台台："这些东西听起来很普通,怎么就成宝了呢？"

兰兰："这些东西看起来普通,但在那个时代,可是侨批派送员的出行必备佳品！这三件宝,可以为他们解决很多问题呢。"

台台："什么问题呀？"

兰兰："过去交通不发达,除了轮渡,他们往往只能用脚走过千山万水,一路阴晴不定,风餐露宿。东南亚一带经常下雨,而到了广东则又常常烈日当空。因此,他们会随身携带伞来遮风挡雨。市篮则用于装带和保护侨批,而具有防水作用的水布既可以保护装着侨批的市篮,还可以临时充当卧席、抹布、包扎带等。"

台台:"原来如此,没想到派送侨批的过程这么辛苦!"

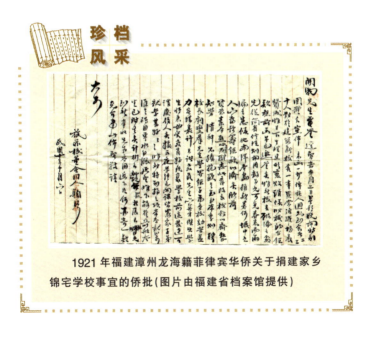

1921年福建漳州龙海籍菲律宾华侨关于捐建家乡锦宅学校事宜的侨批(图片由福建省档案馆提供)

兰兰：“是的。这些侨批派送员是连接海外华侨和家乡亲人的重要纽带,而侨批也成为当时社会生活最原始而真实的记录。通过侨批,我们可以还原那时的生活场景:有父亲为刚出生却不曾谋面的孩子取名的;有儿子问候年迈双亲的;有父母鼓励儿子发愤读书的……”

台台：“小小的侨批竟可以承载那么多故事和情感!”

兰兰：“可谓纸短情长,家书抵万金呀!2013年,'侨批档案'还入选了《世界记忆名录》呢!”

台台：“这么有意义的档案,确实应该好好保护起来!可是侨批都是来自家家户户的,这么分散,怎么保护和收藏?”

兰兰：“台台,你可问到点子上了!侨批的价值不容置疑,散落于民间确实增加了保护和搜集工作的难度。但是很多民间收藏家都意识到了侨批的价值,自发收藏和保护侨批,还成立了专门保护侨批的机构。档案部门也在不断行动,通过宣传呼吁大家保护侨批,并广泛征集侨批,集中进行保管和展示,比如广东省档案馆、福建省档案馆,都展示了不少侨批档案哦!"

台台:"等探险完了,我要好好了解一下这些侨批里的故事!"

记忆小名片

侨批档案

出生时间:19世纪30年代—20世纪70年代
专　　业:书信
家族规模:20多万件
监 护 人:广东省档案馆、福建省档案馆等

成就:发源于民间,流转于民间,作为特定历史阶段的草根文献,弥补了典籍文献之不足,在华侨史、家族史、经济史、社会史、文化史、金融史、邮政史、中外交通史、国际关系史以及侨居地历史文化等研究领域有重要参考价值。

传统音乐音响档案

再次进入时空隧道,台台和姐姐聊着天,说着一路看过的档案文献。

这时,时空机突然停了下来,远处传来一阵悠扬婉转的音乐声。月光下的湖边,一名男子穿着破旧的袍子,戴着破毡帽和黑色的盲人眼镜,正拉着二胡。

台台:"姐姐,那个人是谁呀?为什么大晚上还戴着墨镜?"

兰兰:"他是阿炳,戴的是盲人眼镜。"

台台:"阿炳?我知道了!是不是那个'瞎子阿炳'?"

兰兰:"就是他,中国著名的草根民间音乐家。"

台台:"他拉的曲子很好听,可是听了怎么觉得有点难过……"

兰兰："因为阿炳一生饱尝人间疾苦,便通过音乐抒发自己的爱恨情仇。我们现在听到的这首曲子就是著名的《二泉映月》,是他宣泄情感的传世之作。乐曲中融入了他对痛苦生活的感受,所以从中能听到一丝悲凉的情绪。"

台台："这么有才华的人经历了什么样的苦难呢?"

兰兰："阿炳命运多舛,他4岁丧母。不过自小受父亲的熏陶和教导,对音乐非常喜爱,十六七岁便吹拉弹唱样样精通。但是而立之年后因为种种原因染上恶习,导致双目失明,最终只能流落街头卖艺,生活十分贫困。1950年,57岁的阿炳病逝,只留下了一曲曲传世的音乐作品。"

台台："好可怜……不过那个年代,一个流落街头的艺人的音乐是怎么流传下来的呢?"

兰兰："是金子总会发光的。阿炳的音乐无意间被当时中央音乐学院的研究员杨荫浏教授注意到。杨教授非常认可他的音乐,正好当时在搜集民间音乐,便和同事们亲自去阿炳的家乡无锡拜访他,并用国外进口的钢丝录音机录下了他的音乐。这些音乐还成为1997年入选《世界记忆名录》的'传统音乐音响档案'的一部分呢!"

台台："原来音乐档案也能被载入《世界记忆名录》啊！"

兰兰："是啊，而且'传统音乐音响档案'还是中国最早入选《世界记忆名录》的档案文献遗产呢，也是世界上首例以音响档案的形式入选名录的项目！"

台台："真厉害！那这些档案里除了阿炳的音乐还有其他内容吗？"

兰兰："当然！'传统音乐音响档案'包含中国50多个民族的传统音乐与民间音乐录音档案，长达7000小时。除了录音档案，还有5万多张照片和15万多卷音乐书籍、残谱。"

台台："哇，好庞大的数量呀！"

珍档风采

录制阿炳音乐的钢丝录音带（手绘图）

兰兰：“没错，杨教授团队为了录制曲目，访遍了街头艺人、民间歌者等，足迹遍布全国各地。他们的探索为音响档案的建设打下了坚实的基础。”

台台：“真是不容易！有了他们的付出，才使得我们后人能跨越时空，再次听到中国古老的音乐！”

记忆小名片

传统音乐音响档案

出生时间：1950—1996年

专　　业：音乐

家族规模：7000小时录音档案，5万多张照片和15万多卷音乐书籍、残谱

监 护 人：中国艺术研究院音乐研究所

成就：使得中国古代音乐历经数代传承至今，是世界上现存最全面、最完整的中国传统音乐档案，是世界音乐遗产的重要组成部分，对了解世界音乐发展历史十分重要。

近现代中国苏州丝绸档案

台台："姐姐,原来钢丝录音带也可以是档案啊,我还以为档案都是纸质的呢!"

兰兰："档案的载体可不只有纸质,我们在旅行起点站看到的甲骨文的载体也不是纸质的,而是龟甲嘛!这些都属于特殊载体类,比如你刚才提到的钢丝录音带,就属于特殊载体类别中的声像档案。"

台台："档案的载体种类可真多啊!那除了这些之外,还有什么特别的载体吗?"

兰兰："说到特别,在我们中国的世界记忆中,有一种档案的载体和我们有关哦,你猜猜看?"

台台："呃……不会是丝绸吧?"

兰兰："答对了!就是'近现代中国苏州丝绸档案'!"

台台："真的吗?丝绸也可以作为档案载体吗?"

兰兰："是啊！是时候展现真正的技术了,咱们这就出发！"

时空机将兰兰和台台带到了一间古代的织造坊门外,里面的人正忙忙碌碌,各司其职。

台台："姐姐,他们在干什么啊?"

兰兰："他们正在用木质织机织造丝绸。在古代,丝绸织造是一项很复杂的工艺,需要很多人同时配合才能完成,而且耗时也会很久。比如精美的锦,即使是经验丰富的老艺人,一个小时最多也只能织出二三厘米,所以在历史上有着'寸锦寸金'的说法。"

台台："哇,丝绸这么难得啊!那我们的苏州丝绸档案又是什么呢?是与丝绸有关的档案吗?"

兰兰："哈哈,简单来说可以这样理解。我们苏州丝绸档案的全称是'近现代中国苏州丝绸档案',形成于19世纪到20世纪末之间,是苏州丝绸产业在技术研发、生产管理、营销贸易以及对外交流过程中形成的一系列与丝绸相关的档案,既有纸质档案,也有丝绸样本实物。"

台台："姐姐,我还是想象不出来,丝绸纸质档案和样本实物都是什么样子的呢?你能给我举个例子吗?"

兰兰："走吧,带你去实地看看。"

时空机将兰兰和台台带到了一座摆满丝绸档案的库房里。琳琅满目的丝绸档案映入眼帘,台台左顾右盼,快看花了眼。兰兰在一旁细细解说起来。

兰兰："我们苏州丝绸在中国历史上可是很有名的,尤其是近代以来。看到那件塔夫绸样本了吗?它曾经轰动过欧洲市场,被当地客商誉为'塔王'!英国皇室当时特意买了这批面料,给戴安娜王妃做婚礼服噢!可以说,这些丝绸档案代表了当时中国乃至世界丝绸产品的最高工艺水平!"

珍档风采

1981年英国皇室为戴安娜王妃婚礼购买苏州塔夫绸的样本与订单(图片由苏州市工商档案管理中心提供)

珍档风采

印有圣诞老人和织有孙悟空图案的丝绸外销档案
(图片由苏州市工商档案管理中心提供)

台台:"哇,真的好漂亮!快看,这件古香缎上有孙悟空,那件印花绸上还有圣诞老人,好有趣!"

兰兰:"这些丝绸外销档案,是当时根据出口对象的需要而特别设计制作的,融入了大量的国际元素,在一定程度上反映了这些国家和地区社会文化百余年的发展变迁。你不要只盯着那些样本档案哦,这些泛黄的纸质工艺单也不容小觑。它们虽然没有丝绸样本那么靓丽的外表,但内涵一点也不输样本,它们从技术层面保存了丝绸产品的生产过程、工艺参数和纹样色彩等细节,也是非常珍贵的!"

珍档风采

产品工艺单(图片由苏州市工商档案管理中心提供)

丝绸意匠图(图片由苏州市工商档案管理中心提供)

台台:"哇,看起来是一个大家族呢!"

兰兰:"当然啦,我们'近现代中国苏州丝绸档案'一共有29592卷呢,其中仅丝绸样本档案就有30万余件!能够保留下这么大的族群,真得感谢我们的监护人苏州市工商档案管理中心呢!是他们收留了我们,给了我们一个家,还精心地保护我们、研究我们,让更多的人了解、认同我们的价值,2017年更是让我们登上了世界记忆这个国际舞台,让全世界的人们看到了我们!"

台台："好感动！"

兰兰："还有一个好消息呢！这里马上就要建起我们的新家——苏州中国丝绸档案馆。到2020年，我们整个丝绸档案家族就能搬进新家，还有来自中国其他地区的丝绸档案也会加入我们。我们的家族正在不断壮大，也会有更多的人来保护我们哦！"

台台："好期待！为更加美好的未来一起努力吧！"

苏州中国丝绸档案馆设计图

记忆小名片

近现代中国苏州丝绸档案

出生时间：19世纪—20世纪末
专　　业：蚕桑丝织
家族规模：29592卷
监　护　人：苏州市工商档案管理中心

成就：数量之大、内容之全、质量之高为中国乃至世界所罕见，充分展示了丝绸卓越的品质和超高的艺术价值，向世人传递了中国丝绸丰富的文化内涵和厚重的历史底蕴，在丝绸行业发展历程中具有典型意义和极高价值。

附 录

中国入选《世界记忆名录》的档案文献

序号	文献档案名称	入选时间	保存地点
1	传统音乐音响档案	1997年	中国艺术研究院音乐研究所
2	清代内阁秘本档中有关17世纪在华西洋传教士活动的档案	1999年	中国第一历史档案馆
3	纳西族东巴古籍文献	2003年	云南省丽江市东巴文化研究院等
4	清代科举大金榜	2005年	中国第一历史档案馆
5	清代样式雷图档	2007年	中国国家图书馆、中国第一历史档案馆、故宫博物院等
6	《黄帝内经》*	2011年	中国国家图书馆
7	《本草纲目》*	2011年	中国中医科学院中医药信息研究所
8	元代西藏官方档案*	2013年	西藏自治区档案馆

续表

序号	文献档案名称	入选时间	保存地点
9	侨批档案*	2013年	广东省档案馆、福建省档案馆等
10	南京大屠杀档案	2015年	中国中央档案馆、中国第二历史档案馆、辽宁省档案馆、吉林省档案馆、上海市档案馆、南京市档案馆、侵华日军南京大屠杀遇难同胞纪念馆
11	清代澳门地方衙门档案*	2017年	澳门档案馆、葡萄牙东波塔档案馆
12	近现代中国苏州丝绸档案*	2017年	苏州市工商档案管理中心
13	甲骨文	2017年	中国国家博物馆、中国国家图书馆等

注：加"*"的为已入选《世界记忆亚太地区名录》的档案文献。

中国入选《世界记忆亚太地区名录》的档案文献

序号	文献档案名称	入选时间	保存地点
1	天主教澳门教区档案文献	2010年	澳门教区主教公署、澳门圣若瑟修院
2	《黄帝内经》	2010年	中国国家图书馆
3	《本草纲目》	2010年	中国中医科学院中医药信息研究所
4	元代西藏官方档案	2012年	西藏自治区档案馆
5	侨批档案	2012年	广东省档案馆、福建省档案馆等
6	赤道南北两总星图	2014年	中国第一历史档案馆
7	清代澳门地方衙门档案	2016年	澳门档案馆、葡萄牙东波塔档案馆
8	近现代中国苏州丝绸档案	2016年	苏州市工商档案管理中心
9	孔子世家明清文书档案	2016年	孔子博物馆
10	澳门功德林档案文献	2016年	澳门功德林寺院
11	南侨机工档案	2018年	云南省档案馆
12	《四部医典》	2018年	西藏自治区藏医院

附录

中华文化,浩浩汤汤。
兰台御史,源远流长。
典策法书,汗牛充栋。
盛世修典,薪火相传。
中华少年,国之希望。
少年有德,政治清明。
少年有才,文化繁荣。
少年有为,国家富强。
少年有志,民族复兴。
是以中国记忆之发展、文化历史之传承在乎少年,少年之今日,国家之未来。
吾辈虽不才,愿为少年计。
采撷丝绸珍档,编撰探险故事,串联古今中外,共话世界记忆。

披阅两载,增删十次,纂成六册,图文并茂,娓娓道来:

一话世界记忆之中国发展;

二述丝绸之路之源远流长;

三探苏州丝绸之前世今生;

四表《红楼梦》之丝绸记忆;

五叙成长档案之建档攻略;

六聚档案游戏之精研巧思,

以飨吾中华少年。

盼同学少年,意气风发,爱档护典,传承文化,再续新篇!

鸣 谢

感谢以下单位为本书提供图片：中国国家图书馆、云南省丽江市东巴文化研究院、中国中医科学院中医药信息研究所、西藏自治区藏医院、西藏自治区档案馆、中国第一历史档案馆、澳门档案馆、澳门文献信息学会、孔子博物馆、侵华日军南京大屠杀遇难同胞纪念馆、中国第二历史档案馆、云南省档案馆、福建省档案馆。